CATALOGUE

DE

TABLEAUX

ANCIENS ET MODERNES

OBJETS D'ART, DE CURIOSITÉ ET D'AMEUBLEMENT

Services de dessert en Porcelaine de vieux Sèvres, pâte tendre, Porcelaines de Chine, du Japon et de diverses Fabriques, Bronzes anciens, Bras Louis XVI, Objets de fantaisie et d'étagère, Ivoires, Objets du Japon, Bustes en marbre et biscuit, 6 Fusils de chasse, Plaqué, Meubles style Louis XVI avec ornements en bronze doré, Meuble chinois formant étagère en bois sculpté, 4 Chevalets de peintre, Meubles couverts en damas de soie.

QUATRE CACHEMIRES DES INDES

Fourrures, Tapis de foyer, Dentelles, Points d'Alençon

DONT LA VENTE AUX ENCHÈRES PUBLIQUES AURA LIEU

PAR SUITE DE DÉCÈS

HOTEL DES VENTES, SALLE N° 6

Le Samedi 26 Décembre 1868, à 1 heure précise

EXPOSITION PARTICULIÈRE

Le Vendredi 25 Décembre 1868, de 1 heure à 5 heures

COMMISSAIRE-PRISEUR	EXPERT (pour les Tableaux)
M° EUGÈNE ESCRIBE	**M. HORSIN DÉON, Peintre**
Rue Saint-Honoré, 217.	Rue des Moulins, 15.

PARIS — 1868

RENOU ET MAULDE

IMPRIMEURS DE LA COMPAGNIE DES COMMISSAIRES-PRISEURS

Rue de Rivoli, 144

CATALOGUE

DE

TABLEAUX

ANCIENS ET MODERNES

OBJETS D'ART, DE CURIOSITÉ ET D'AMEUBLEMENT

Services de dessert en Porcelaine de vieux Sèvres, pâte tendre, Porcelaines de Chine, du Japon et de diverses Fabriques. Bronzes anciens, Bras Louis XVI, Objets de fantaisie et d'étagère, Ivoires, Objets du Japon, Bustes en marbre et biscuit, 6 Fusils de chasse, Plaqué, Meubles style Louis XVI avec ornements en bronze doré, Meuble chinois formant étagère en bois sculpté, 4 Chevalets de peintre, Meubles couverts en damas de soie.

QUATRE CACHEMIRES DES INDES

Fourrures, Tapis de foyer, Dentelles, Points d'Alençon

DONT LA VENTE AUX ENCHÈRES PUBLIQUES AURA LIEU

PAR SUITE DE DÉCÈS

HOTEL DES VENTES MOBILIÈRES

SALLE N° 6, AU PREMIER ÉTAGE

Le Samedi 26 Décembre 1868, à une heure précise

La Vacation étant très-chargée

Par le ministère de **Me ESCRIBE**, Commissaire-Priseur, rue Saint-Honoré, 217,

Assisté, pour les Tableaux, de M. **HORSIN DÉON**, Peintre-Expert, rue des Moulins, 15.

CHEZ LESQUELS SE DÉLIVRE LE PRÉSENT CATALOGUE

EXPOSITION PUBLIQUE

Le Vendredi 25 Décembre 1868 (Jour de Noël), de 1 heure à 5 heures

PARIS — 1868

CONDITIONS DE LA VENTE

Elle sera faite au comptant.

Les Acquéreurs paieront CINQ POUR CENT, en sus du prix d'adjudication.

DÉSIGNATION

DES

TABLEAUX

<div align="center">~~~</div>

TABLEAUX MODERNES

AINSLEY (S.-J.), signé Rome, 1852

1 — Vue de Naples.

Sur la plage, un grand nombre de personnages. Des matelots tendent leurs filets ou amarrent leurs bateaux, d'autres jouent aux boules ou sont occupés à des soins divers.

BARON (STÉPHANE), signé.

2 — Rolla.

Rolla considérait d'un œil mélancolique la belle Marion dans son grand lit.

Alfred de MUSSET.

Salon de 1859, n° 138.

CLÉMENT (A.-E. 1859), signé.

, — Femme romaine endormie.

Tableau capital.

Salon de 1861 n° 634

COOL (Delphine), 1861, signé.

4 — Portrait de Rembrandt, d'après ce grand maître.

Miniature sur porcelaine.

DAUPHIN (G.), 1856, signé.

5 — L'Amour délaissé s'appuie sur un joyeux et frais
zéphir.

Pastel.

MARATON (Euphémie), signé.

6 — Le Camélia.

Salon de 1863 n° 1377.

TABLEAUX ANCIENS

BAUER (GUILLAUME).

7 — Cinq Gouaches.

> Elles représentent des vues de Venise et de palais au bord de
> la mer et sont animées d'un grand nombre de figures, chevaux,
> carrosses, etc., etc.

GONZALÈS (BARTHÉLEMY).

8 — Portrait d'homme avec fraise.

> Il porte au bras une écharpe de soie rouge.

MAES (NICOLAS).

9 — Portrait de femme. Buste.

RUYSDAEL (Attribué à).

10 — Paysage.

> A droite et à gauche, des maisons rustiques ; au centre une
> rivière que traversent à gué des vaches et des moutons.

SOBLEO ou DESUBLEO (MICHEL).

11 — Le Paradis terrestre.

> A gauche, Dieu crée la femme ; au centre au premier plan,
> Eve tentée par le démon, offre la pomme à Adam qui la reçoit
> à droite, Adam et Eve chassés du paradis terrestre.

VELASQUEZ DE SILVA.

12 — Portrait de Don Juan d'Autriche.

Il est vu debout et à mi-jambes près d'une table recouverte d'un tapis de velours cramoisi sur laquelle son chapeau est posé. Son juste-au-corps est de velours noir épinglé. Sur son épaule gauche, un manteau est jeté, et il porte en sautoir un ruban noir auquel est suspendu l'Ordre de la Toison d'or.

Une pose remplie de noblesse, une exécution large, une couleur vraie distinguent ce beau portrait.

WEENIX (JEAN), signé et daté, 1700.

13 — Paysage et animaux.

Au pied d'une colonne se reposent une levrette et un chien basset, un danois arrive près d'eux en courant.

Au fond, un paysage montagneux dans lequel serpente une rivière que traversent des chasseurs et des chiens poursuivant un sanglier.

ZURBARAN (FRANÇOIS).

14 — Sainte Famille.

La Vierge et St Joseph tenant l'enfant Jésus par la main cheminent sur une route, guidés par l'Esprit saint et par le Père Eternel qui les bénit du haut des cieux.

ÉCOLE HOLLANDAISE.

15 — Portrait d'homme.

CURIOSITÉS

PORCELAINES DE SÈVRES

Un Service de dessert en porcelaine de vieux Sèvres, pâte tendre, décors anciens à feuilles de choux, composé de :

Quatre-vingts Assiettes de divers dessins,

Deux Saladiers,

Quatre Sucriers avec couvercles (dessins divers),

Douze Pots à crème à anses.

Un Coquetier.

Dix-sept Assiettes plates en porcelaine de Sèvres.

Corbeilles à fruits, Compotiers, Casseroles, Plats de diverses faïences, Tasses à thé et à café, et quantité de Pièces pour service de dessert.

Jolies Coupes de porcelaine de Sèvres fine, découpées à jours, et richement décorées.

BRONZES ET OBJETS DE FANTAISIE

Plusieurs paires de Vases et Coupes en bronze et porcelaine décorés de diverses formes.

Quatre Bras Louis XVI, en bronze doré à lys et pavots.

Une Coupe en céladon décoré, à figures en relief.

Un Seau en craquelé de Chine.

Une jolie Coupe en lapis, monture en bronze doré.

Un très-beau Coffre à bijoux en malachite, riche monture en bronze doré.

Un Vase à fleurs en cristal, monture à figures en bronze émaillé de diverses couleurs.

Boîtes et Coffrets en bois de Chine et laque de Pékin et du Japon.

Une très-jolie Coupe à couvercle en jade gris, à bords découpés.

Coupe à lobes, et petit groupe en argent et vermeil.

IVOIRE, MARBRE, BISCUIT

Un joli Bas-Relief, ivoire sculpté, sujet saint.
Deux Bustes en biscuit de Sèvres, Bonaparte et Kléber.
Un Buste en marbre blanc, Napoléon.

FUSILS DE CHASSE

Six beaux Fusils de chasse à deux coups, dans trois Etuis, garnis de leurs accessoires.

PLAQUÉ

Trente pièces de bon plaqué pour service de table, Réchauds ronds et ovales, Plateaux, Huilier tournant, etc.

MEUBLES DE LUXE

Un beau Piano droit de Roller et Blanchet, à six octaves trois quarts, en bois satiné, orné de bronze.

Deux Bibliothèques, à hauteur d'appui, en acajou Louis XVI, à filets noirs et à dessus de marbre vert de mer.

Une armoire étagère en bois de Chine richement sculpté, à cariatides et figures diverses.

Une Table de salon en bois satiné, avec ornements Louis XVI en bronze doré.

Deux jolies Encoignures en acajou, ornements en bronze décoré et à dessus de marbre, fleurs de Sicile.

Une Console en acajou, **style Louis XVI**, ornements en bronze doré, à double tablette en marbre blanc.

Une Gaîne en bois satiné.

Une jolie Table de milieu, forme ronde en mosaïque de Florence, ornements en bronze doré.

Un stéréoscope en acajou.

MEUBLES DIVERS

Une Borne de salon couverte en damas de soie rouge.

Une Chaise longue en bois doré, couverte en damas de soie rouge.

Un Divan à dossier, également couvert en soie rouge.

Banquettes d'antichambre, Fauteuils de malade et autres, et quelques autres meubles.

Quatre beaux Chevalets de peintre en palissandre et acajou, garni en cuivre.

Écran de cheminée, Tablettes, portes dorées, etc.

Une Caisse en fer, serrure à combinaisons.

CACHEMIRES DES INDES

Un Châle long, fond rouge.
Trois Châles carrés, brodés, fonds divers.
Trois Châles, crêpe de Chine, brodés.

DENTELLES

Dix mètres cinquante centimètres, point d'Alençon.
Quinze mètres, vieux point d'Angleterre.
Une Tunique et quatre Voiles d'Angleterre.
Un fichu en Chantilly, avec volants en dentelles de
Caen.
Fichus et objets divers en dentelles.

FOURRURES

Huit Tapis peaux de tigres, ours, renards, etc. Couver-
tures de voitures, Pelisses, Talmas, Cols, Manchons,
Casquettes en fourrures diverses, plusieurs morceaux de
fourrures.

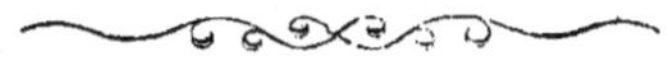

Renou et Maulde , imprimeurs de la Compagnie des Commissaires-Priseurs,
rue de Rivoli, 144.   20144

9 782329 551562